# ÉCOLE MILITAIRE
de
# L'ARTILLERIE & DU GÉNIE

---

# RÈGLEMENT

## sur le Service intérieur de l'École

---

Approuvé par le Ministre de la Guerre le 26 mars 1896

MIS A HAUTEUR DES MODIFICATIONS NÉCESSAIRES INTRO-
DUITES PAR DÉCISION DU MINISTRE OU PAR DES DÉCI-
SIONS PROVISOIRES DU COMMANDANT DE L'ÉCOLE.

---

## Édition de 1906

# ÉCOLE MILITAIRE

de

## L'ARTILLERIE & DU GÉNIE

# RÈGLEMENT

## sur le Service intérieur de l'École

Approuvé par le Ministre de la Guerre le 28 mars 1896

MIS A HAUTEUR DES MODIFICATIONS SUCCESSIVES INTRO-
DUITES PAR DÉCISION DU MINISTRE OU PAR DES DÉCI-
SIONS PROVISOIRES DU COMMANDANT DE L'ÉCOLE.

## Edition de 1906

# TITRE 1
## Des cadres de l'École

---

### CHAPITRE PREMIER

### Composition du Personnel

La composition du personnel (officiers et troupe) de l'Ecole est déterminée ainsi qu'il suit, par le tableau annexé au décret du 4 novembre 1886, et par les tableaux B et C, annexés au décret du 11 mai 1903.

---

— 4 —

## *TABLEAU A. (Officiers).*

Colonel ou Lieutenant-Colonel d'artillerie, commandant l'Ecole............................................. 1
Chef de Bataillon du Génie, commandant en 2°..... 1
Capitaine d'artillerie instructeur ................... 1
Lieutenants { d'artillerie, instructeurs, dont 1 ...
instructeur d'équitation ........... 3
du génie, instructeur ............... 1
Lieutenant d'artillerie ou du génie, trésorier...... 1
Médecin Major de 2° classe........................ 1
Officier d'administration du service d'Artillerie ou du Génie, comptable du matériel.............. 1
Professeurs { Capitaine d'artillerie................ 1
Capitaines d'Art° ou Lieut° adjoints. 2
Capitaine du Génie ................. 2
Capitaine du Génie ou Lieut° adjoint. 1
Professeurs civils. »

16 [1]

---

[1] Diverses décisions ministérielles ont modifié la composition du personnel :

Décision du 25 Novembre 1884. Un capitaine d'artillerie coloniale sera détaché à l'école comme professeur.

Décision du 12 Juin 1886. Un adjudant de l'artillerie coloniale est adjoint au cadre constitutif de l'école.

Décision du 1er Avril 1891. Un officier du Train des Equipages sera détaché à l'école pour l'instruction des élèves de cette arme. (a)

Décision du 22 Juillet 1891. Un officier d'Artillerie est détaché à l'école en supplément pour concourir aux interrogations. (a)

Décision du 19 Octobre 1891. Le personnel du Génie de l'Ecole sera augmenté d'un Lieutenant professeur adjoint. (b)

Décision du 12 Février 1901. Un 5° Lieutenant d'artillerie instructeur est détaché à l'école.

Décision du 22 Juin 1901. Un Capitaine d'artillerie remplace un des professeurs civils.

Décision du 23 Juillet 1901. Un Lieutenant d'Artillerie détaché à l'école.

Décision du 28 mars 1903. Un chef d'escadron est détaché d'un des Régiments de la garnison de Versailles à l'effet de diriger l'instruction des Elèves-officiers.

Décision du 5 Avril 1904. Suppression du dernier professeur civil.

(a) Ces augmentations, accordées à titre temporaire, ont été prorogées par des décisions de 1892, 1893, 1894, 1895; répondant aux propositions du jury de sortie.

(b) Cette augmentation ne ressort pas des chiffres du tableau A qui comporte déjà 3 officiers du Génie professeurs ; depuis 1886, il n'y en avait que 2, un 4° Lieutenant d'artillerie instructeur ayant été détaché à l'école.

## *TABLEAU B (11 Mai 1903).*

| Adjudants | Sous-maître de manège............ | 1 | 3 |
|---|---|---|---|
| | Maître d'escrime ................. | 1 | |
| | Sous-instructeur remplissant en même temps les fonctions de vaguemestre. | 1 | |

Maréchal-des-Logis chef, adjoint au comptable... 1

Maréchal-des-Logis, maître d'escrime............. 1

Maréchal-des-Logis, bibliothécaire............. 1

| Brigadiers ou Caporaux | Maîtres adjoints d'escrime.......... | 2 | 5 |
|---|---|---|---|
| | Secrétaire du Major............... | 1 | |
| | Maître maréchal-ferrant........... | 1 | |
| | Chef de la lithographie............. | 1 | |

| Soldats | Trompettes..................... | 2 | 44 (1) |
|---|---|---|---|
| | Perruquier...................... | 1 | |
| | Aides maréchaux-ferrants ........ | 2 | |
| | Ouvrier armurier................ | 1 | |
| | Ouvriers tailleurs................ | 3 | |
| | Ouvriers cordonniers............. | 3 | |
| | Ouvriers selliers................. | 2 | |
| | Employés divers ................ | 30 | |

---

(1) Ce personnel a reçu successivement les accroissements suivants :

Décision du 15 Décembre 1890. Un fourgonnier mis en subsistance au détachement de remonte. } En subsistance

Décision du 28 Mars 1903. Un maréchal des logis et 4 artilleurs coloniaux. (Pendant les promotions à fort effectif.) } à l'école.

Décision du 21 Avril 1902. Un aide maréchal-ferrant appartenant à l'un des corps de troupe d'artillerie de Versailles sera mis à la disposition de l'Ecole.

Décision du 26 Septembre 1903. Un dessinateur fourni par la 3e Compagnie d'Ouvriers d'Artillerie est détaché temporairement à l'Ecole.

## TABLEAU C (11 Mai 1903).

### Détachement de la 5ᵉ Compagnie de Cavaliers de Remonte.

Sous-Lieutenant ........................ 1
Maréchaux des Logis..................... 2
Fourrier............................... 1
Brigadiers............................. 4
Cavaliers.............................. 45
_______

Total de la Troupe......... 53
Chevaux de manège ou de carrière............ 100 (*a*)

---

(*a*) Par décision ministérielle du 26 Mars 1890, l'Ecole est autorisée, à titre provisoire, à entretenir en sus de l'effectif normal, des jeunes chevaux de remonte jusqu'à concurrence de 10 au maximum.

L'Ecole doit entretenir 2 attelages (Dépêche du 15 Décembre 1890).

Décisions du 23 Juillet 1901, du 27 Mai 1903 et 2 mars 1904. L'Ecole a en subsistance 13 chevaux d'armes de l'Ecole d'application et 5 cavaliers de remonte (pendant les promotions à fort effectif). Ces chevaux seront maintenus à l'Ecole Militaire de l'Artillerie et du Génie jusqu'à leur disparition par usure ou réforme, et les cavaliers de remonte seront renvoyés successivement à Fontainebleau sans nouveaux ordres au fur et à mesure de la réduction du nombre des chevaux.

Décision du 14 Août 1900. Un maréchal des logis et 2 canonniers garde-parc sont détachés à l'Ecole.

# CHAPITRE II

## Tenue

La description de l'uniformè de l'Ecole Militaire de l'Artillerie et du Génie est contenue dans le volume n⁰ 108 [13] du Bulletin Officiel.

Elle a été modifiée par des notifications des 20 février 1905—24 juin 1902—20 octobre 1902—30 juillet 1904 et 5 mai 1905.

# CHAPITRE III

## Attributions des divers grades et emplois

### 1° OFFICIERS

§ 1. — *Commandant de l'Ecole*. L'autorité du Commandant de l'Ecole s'étend sur toutes les parties du service.

Il tient les feuillets du personnel et a l'initiative de toutes les propositions.

Il est placé sous les ordres directs du Ministre de la Guerre.

Il correspond avec le commandant d'armes pour tout ce qui concerne la police générale, la discipline et les relations avec les corps de troupe ou les divers services.

Il a, vis-à-vis du personnel de l'Ecole, toutes les attributions d'un chef de corps.

Il détermine, par des instructions complémentaires, les dispositions de détail nécessaires à l'exécution du présent règlement, sans perdre de vue le but de l'enseignement de l'Ecole, tel qu'il est défini au titre 4.

Il peut, en outre, introduire à titre provisoire, dans les fonctions définies ci-après pour les officiers et le cadre secondaire, toutes modifications qui lui paraîtraient nécessaires dans l'intérêt du service, sauf, s'il y a lieu à en rendre compte au Ministre.

En cas d'absence, le commandant de l'Ecole est remplacé par le commandant en second.

Le commandant de l'Ecole et le commandant en second ne peuvent s'absenter simultanément, sans une autorisation spéciale du Ministre.

§ 2. — *Commandant en 2e*. (1) Les attributions actuellement dévolues au Chef de Bataillon Commandant en second et Directeur des Etudes sont réparties de la façon suivante :

Les fonctions de Commandant en second sont remplies par le plus ancien des deux officiers supérieurs attachés au cadre de l'Ecole.

Le Commandant en second est chargé sous les ordres du Commandant de l'Ecole de toutes les parties du service. Ses attributions sont analogues à celles du Lieutenant-Colonel d'un Régiment.

En cas de nécessité, le Commandant en second peut modifier l'emploi du temps ; il en rend compte au Commandant de l'Ecole.

Il est président de la Commission du mess.

§ *2 bis. Directeur des Etudes*. — Le Chef de Bataillon du Génie est Directeur des Etudes. En cette qualité il surveille spécialement l'enseignement d'instruction générale de l'Ecole et s'assure que les professeurs ne s'écartent pas des programmes en vigueur.

Il propose au Conseil d'Instruction les changements qu'il croirait utile d'introduire dans les méthodes d'enseignement, ou dans les programmes d'admission.

Il a la direction de l'Instruction Militaire proprement dite et de l'instruction technique des Elèves-Officiers du Génie.

§ *2 ter. Chef d'Escadron Directeur de l'Instruction Militaire de l'Artillerie et du Train des Equipages*. — Le Chef d'Escadron d'artillerie directeur de l'instruction militaire est chargé de l'éducation et de l'ins-

---

(1) Le texte primitif du § 2 a été modifié et dédoublé par le lieutenant-colonel commandant l'Ecole à la date du 5 juillet 1904, à titre provisoire, par application des dispositions contenues dans le § 1er du Chap. 3 du Titre 1er du présent règlement.

truction militaires, de la tenue et de la discipline générale des élèves.

Il s'attache à uniformiser les méthodes d'instruction militaire de l'Ecole.

Il a la direction générale de l'instruction technique des élèves-officiers de l'artillerie et du train des équipages.

Il a sous ses ordres immédiats tout le personnel instructeur de l'Ecole, y compris celui du Génie pour ce qui ne concerne pas le service particulier de cette arme.

Il surveille spécialement les révisions faites en salle des Conférences sur le Rôle de l'Officier dans la Nation Armée.

Il fait partie du Conseil d'Instruction, et étudie les améliorations qu'il conviendrait d'apporter au matériel d'instruction.

Il exerce une surveillance sur l'emploi et la conservation des chevaux qui servent à l'instruction des élèves.

Il est président de la Commission de remonte de l'Ecole.

**§ 2** IV. *Disposition communes aux Officiers Supérieurs*. — A la fin de chacune des parties de l'instruction militaire, chaque officier supérieur remet en ce qui le concerne au Commandant de l'Ecole l'état des notes moyennes qu'il propose d'attribuer à chaque élève pour cette partie de l'instruction.

**§ 3. *Capitaines et Lieutenants du cadre*.** — Tous les officiers du cadre s'appliquent à connaître les élèves et leur donnent les conseils que leur expérience leur suggère et les avertissements qu'ils jugent nécessaires pour les maintenir dans la bonne direction.

A l'intérieur, comme à l'extérieur de l'Ecole, ils doivent toujours se considérer comme étant de service. En conséquence, ils doivent réprimer immédiatement toute infraction aux règlements ou tout écart de conduite de nature à compromettre l'uniforme de l'Ecole.

*1° **Capitaine Instructeur** (1)*. — Le Capitaine instructeur d'artillerie secondé par les lieutenants sous ses ordres est chargé sous la direction du chef d'escadron d'artillerie, de tous les détails concernant l'éducation et l'instruction militaires, la tenue et la discipline générale des élèves.

Il soumet au Chef d'Escadron d'artillerie le programme des exercices et la progression à suivre.

Il lui propose à la fin de l'année, ainsi qu'au Directeur des études s'il y a lieu, les améliorations reconnues nécessaires.

Il remet au Chef d'escadron d'artillerie au fur et à mesure, les notes des élèves, et les consigne lui-même dans un carnet spécial.

Pour les revues ou parades, il prend le commandement des brigades d'élèves.

En qualité de directeur du parc, il est chargé de l'entretien du matériel d'artillerie.

Il est responsable de l'emploi et de la conservation des chevaux qui servent à l'instruction des élèves.

Le détachement de remonte est sous ses ordres; il en surveille l'instruction, la tenue et la discipline.

Il s'assure fréquemment que le harnachement, ainsi que le matériel d'écurie et de manège, sont en bon état d'entretien.

Il est chargé (2) de l'administration des élèves qui constituent à ce point de vue spécial, une unité à laquelle tous les chevaux de l'Ecole sont rattachés administrativement.

*2° **Lieutenants Instructeurs***. — Les lieutenants instructeurs sont sous les ordres du capitaine instructeur. Ils commandent chacun une brigade d'élèves, qu'ils instruisent et dont ils surveillent la tenue, l'armement et la

_______________

(1) Texte modifié le 5 juillet 1904.—Voir la note de la page 4.

(2) Disposition résultant du règlement du 3 janvier 1903 sur l'Administration des Ecoles Militaires.

discipline générale ; ils peuvent, en outre, être affectés par le Colonel, à d'autres services.

Ils alternent pour le service de semaine.

Le lieutenant de semaine remplit les fonctions d'adjudant-major. Il couche au quartier, lorsque l'ordre en est donné.

Il est responsable de la police, de la tenue du quartier, des distributions, des appels et des rassemblements et de l'exécution des consignes.

Il fait afficher la décision journalière et s'assure qu'elle est communiquée aux officiers du cadre, aux professeurs civils et au comptable du matériel. Il fait tenir le cahier d'ordres et celui des consignes permanentes et les registres de punitions.

Le service de semaine commence le samedi à midi.

Le lieutenant du génie instructeur peut professer un certain nombre de cours ; il concourt aux interrogations, aux exercices topographiques et levers.

Un lieutenant du Train des Equipages est chargé de l'instruction des Elèves-Officiers du Train.

*3° Capitaines et Lieutenants Professeurs.* — Les fonctions de ces officiers sont définies par le règlement particulier sur l'exécution des travaux.

Ils (1) doivent en dehors de leur service, être présents à l'Ecole de 9 h. 1/2 à 11 h. 1/2 du matin ; avant de quitter l'Ecole ils doivent prendre connaissance de la décision du jour.

Un Lieutenant adjoint au Directeur des études administre l'unité formée par le petit état-major, le maréchal-des-logis chef excepté (Règlement ministériel du 3 janvier 1903).

*4° Services Divers.* — En dehors des fonctions ci-dessus énumérées, des capitaines et des lieutenants du

---

(1) Alinéa ajouté par le Colonel Commandant l'Ecole à titre provisoire, le 5 juillet 1904.

cadre, choisis en raison de leurs aptitudes ou de leurs occupations, sont chargés des services ci-après :

1º Escrime.

2º Photographie.

3º Lithographie.

4º Bibliothèque.

Un officier, du grade de lieutenant est adjoint au Directeur des études. Il prépare les tableaux de classement et états de toute nature à fournir. Il concourt aux interrogations, est chargé de certains cours et peut enfin remplacer un instructeur absent ou malade.

*5º Major.* — Le capitaine du Génie, professeur du cours d'administration remplit les fonctions de Major. Sa responsabilité et ses attributions sont définies par le règlement du 3 janvier 1903, sur l'administration et la comptabilité des Ecoles militaires, et le titre 5 du présent règlement.

Il surveille et contrôle le service du lieutenant trésorier et de l'officier d'administration d'artillerie ou du génie comptable du matériel.

Il est chargé du service des bâtiments.

En cas d'absence, il est remplacé par le capitaine que désigne le Commandant de l'Ecole.

*6º Trésorier.* — Les fonctions et la responsabilité du lieutenant trésorier sont fixées par le règlement du 3 janvier 1903, et le titre 5 du présent réglement.

Il est secrétaire du conseil d'administration.

§ *4. Comptable du Matériel.* — Outre ses fonctions spéciales définies, comme pour le Major et le Trésorier, par le réglement du 3 janvier 1903, le comptable du matériel concourt, sous la direction du Major, à l'exécution du service des bâtiments.

Les fournitures de bureau sont distribuées par ses soins aux chefs de salle, sur le vu de bons signés par les professeurs et visés par le Major.

En ce qui concerne l'habillement et l'armement des élèves et des hommes du petit état-major, ses fonctions sont limitées à celles de l'officier d'habillement dans les corps de troupe; il surveille les ateliers.

§ 5. *Médecin-Major*. — Le médecin-major est chargé d'assurer le service sanitaire de l'Ecole. Il a sous ses ordres un soldat infirmier, pour le seconder auprès des malades.

Il rend compte, au commandant de l'Ecole, sur son rapport journalier, de l'état de santé des élèves traités à l'infirmerie ou à l'hôpital.

Il est chargé des conférences sur l'hygiène. Il assiste aux consultations des médecins étrangers que les parents des élèves ont la faculté de faire appeler.

Les prescriptions auxquelles ces consultations peuvent donner lieu, ne sont ordonnées que par lui.

Il fait partie de la commission de surveillance du mess. A ce titre, il visite fréquemment le mess et s'assure de la bonne qualité des denrées de toute nature.

§ 6. *Professeurs civils*. — Les professeurs civils sont sous les ordres du Directeur des études.

Ils s'adressent à lui, lorsqu'ils ont une plainte à formuler contre les élèves.

## 2° TROUPE

§ 1. *Petit Etat-Major*. — (Tableau B.) Le petit état-major à l'exception du maréchal des logis chef est placé sous le commandement du lieutenant adjoint à la direction des études, qui remplit les fonctions de commandant de batterie, en tant qu'elles ne sont pas restreintes par les réglements de l'Ecole. (Réglement du 3 janvier 1903).

Les adjudants du cadre ont un service nettement défini en dehors de l'administration du petit état-major, et ne sont pas placés sous les ordres du lieutenant adjoint à la Direction des Etudes.

Les fonctions de ces adjudants sont les suivantes :

***L'Adjudant Maître d'Escrime*** est chargé de l'enseignement de l'escrime. Il est responsable de la tenue, de la police et du matériel de la salle d'armes. Il tient note du nombre de leçons que prennent les élèves et en rend compte à l'officier chargé de l'escrime.

***L'Adjudant d'Artillerie*** est à la disposition du capitaine d'artillerie instructeur pour assurer le service des chevaux de l'Ecole.

***L'Adjudant du Génie*** remplit les fonctions de vaguemestre. Il seconde le comptable du matériel dans les détails du service des bâtiments.

Il peut être employé aux écritures diverses de la direction des études et du major.

***L'Adjudant d'Artillerie Coloniale*** est chargé du service du casernement.

Ces deux derniers adjudants alternent pour le service de semaine.

***L'Adjudant de semaine*** est sous les ordres directs du lieutenant de semaine. Ses devoirs généraux sont définis par le règlement sur le service intérieur des corps de troupe.

Il veille spécialement à la tranquillité et au bon ordre du quartier, et à l'exécution des diverses consignes.

Il fait des rondes fréquentes dans les corridors des salles d'études ; au commencement des cours ou conférences, comme aussi pendant les études, il s'assure de la présence des élèves, mais sans en faire l'appel.

Il signale les absents.

Il réunit les chefs de salles et leur donne lecture de l'ordre et des décisions ou communications du commandement.

Aux heures fixées, il fait l'appel des élèves. Les jours de sortie, il s'assure fréquemment de la présence au quartier des élèves punis.

Il peut, en l'absence du lieutenant de semaine faire les

contre-appels qu'il juge nécessaires ; il rend compte à cet officier.

*Le Maréchal-des-Logis-Chef* remplit les fonctions de maréchal-des-logis chef dans une batterie ; il compte à l'unité administrative des élèves-officiers, il est, de plus, chargé de la surveillance de tous les écrivains pendant leurs heures de bureau. Il est chargé de conduire à l'hôpital les hommes du petit état-major désignés pour y entrer. Sur l'ordre du Colonel, il peut être employé au service général de l'Ecole. En principe, il est dispensé du service de semaine, sauf pendant la durée des vacances.

*Le Maréchal-des-Logis Maître d'Escrime*, en dehors de ses fonctions spéciales, concourt avec les brigadiers d'escrime au remplacement de l'élève de garde pendant les cours et interrogations, ou lorsque l'ordre en est donné.

*Le Maréchal-des-Logis Bibliothécaire* est sous les ordres de l'officier chargé de la bibliothèque, pour tout ce qui concerne le service de celle-ci, et sous les ordres du Directeur des études ou son adjoint, pour tout ce qui concerne la garde et la distribution des cours autographiés, du matériel servant aux travaux, et la surveillance des écrivains lithographes.

Il est responsable, vis-à-vis du comptable du matériel, à qui il doit, à tout moment, pouvoir représenter, soit les livres et objets eux-mêmes, soit les bons constatant leur sortie régulière.

*Maréchal-des-Logis de semaine*. En dehors de leurs fonctions spéciales, les maréchaux-des-logis d'escrime et bibliothécaire alternent pour le service de semaine.

Pour l'exécution de ce service, ces sous-officiers sont responsables vis-à-vis du lieutenant et de l'adjudant de semaine.

*Brigadiers*. Les brigadiers remplissent les fonctions prévues au tableau B, ci-dessus.

Ils ont, en outre, vis-à-vis des hommes de leurs chambres, les devoirs définis par les articles 220 à 230 du réglement sur le service intérieur des troupes de l'artillerie.

Les brigadiers maîtres adjoints d'escrime alternent avec le maréchal-des-logis maître d'escrime, pour le service de garde, en remplacement de l'élève de garde.

Le brigadier de semaine est sous les ordres du maréchal-des-logis de semaine pour le seconder dans les détails du service de semaine.

***Hommes de Troupe***. — Ils remplissent les fonctions prévues au tableau B. Tous peuvent être employés aux corvées.

§ ***2. Détachement de Cavaliers de Remonte***. — Ce détachement est chargé du service des chevaux de l'Ecole, de l'entretien du manège et de la réparation des obstacles.

L'officier qui le commande remplit, vis-à-vis du commandant de l'Ecole et du Capitaine commandant la 5ᵉ Compagnie de cavaliers de remonte, les fonctions de chef de détachement; il est placé sous les ordres du capitaine instructeur.

***Maréchaux-des-Logis***. — Les deux maréchaux-des-logis alternent pour le service de semaine aux écuries et au détachement.

Des instructions de détail déterminent les attributions des autres gradés et la répartition des cavaliers dans les différents emplois.

Les cavaliers peuvent concourir au service d'entretien de l'Ecole quand les circonstances l'exigent.

Un certain nombre d'entre eux y est employé comme ordonnance d'élèves; ces hommes logent et sont nourris à l'Ecole sans cesser de faire partie du détachement de remonte.

### 3° SERVICE DE SEMAINE (1)

Le service de semaine est dirigé par un capitaine.

Les capitaines professeurs alternent pour ce service.

Le capitaine de semaine remplit des fonctions analogues à celles du chef d'escadron de semaine dans un régiment.

Il a sous ses ordres le lieutenant de semaine et l'adjudant de semaine.

Il est responsable de tous les détails concernant la discipline, le service, la tenue, l'hygiène, et s'assure que tous les ordres donnés par le Colonel sont exécutés.

Il visite les élèves-officiers et les hommes en traitement à l'infirmerie ou à l'hopital.

Il présente au Commandant en second le rapport journalier, ainsi que tous les élèves rentrant de permission..

Il se fait présenter tout homme rentrant de permission et établit toute la correspondance qui, dans les régiments, est faite par le service de semaine.

Le service de semaine commence le samedi à midi.

---

(1) Alinéa ajouté à titre provisoire par le Colonel commandant l'Ecole le 1er avril 1903.

# TITRE II

# DES ÉLÈVES

---

## CHAPITRE I

### Incorporation

Les chefs de corps adressent au commandant de l'Ecole, pour chaque sous-officier admis à suivre les cours de l'Ecole, le livret matricule, et, s'il y a lieu, l'acte de rengagement.

Les sous officiers emportent les effets énumérés par le réglement du 10 Octobre 1892, sur l'habillement dans les Ecoles militaires, modifié par la note ministérielle du 18 novembre 1895.

A leur arrivée à Versailles, ils se présentent à l'Ecole, porteurs de leur feuille de route et de leur livret individuel.

Le lieutenant trésorier les matricule. Ils prennent dès lors la dénomination de « sous-officiers, élèves-officiers », mention en est faite sur les livrets.

Ils sont visités par le médecin-major de l'Ecole et reçoivent le complément de leur habillement et de leur équipement; ils sont ensuite répartis par les soins du Commandant en second, et d'après les instructions du Commandant de l'Ecole, en brigades pour l'instruction militaire, en groupes pour les salles et les dortoirs et en tables pour les repas.

Chacune des brigades est commandée par un lieutenant instructeur.

Toutes ces opérations terminées, les élèves sont passés en revue par le Commandant de l'Ecole, qui adresse au Ministre son rapport sur l'incorporation, lorsque le sous-intendant a statué sur les demandes de l'Ecole relatives aux effets apportés par les élèves.

## CHAPITRE II

## TENUE (1)

La tenue des sous-officiers-élèves-officiers est fixée par le réglement du 10 Octobre 1892, sur l'habillement dans les Ecoles militaires, modifié par la note Ministérielle du 18 Novembre 1895, elle comprend :

    1° La grande tenue,
    2° La tenue du jour,
    3° La tenue de manœuvre,
    4° La tenue de manège,
    5° La tenue d'intérieur.

Les effets composant chacune de ces tenues sont les suivants :

### Grande tenue

Dolman ou tunique en drap de l'Ecole Polytechnique, pantalon d'ordonnance du même drap, col, képi d'adjudant avec ornement de grande tenue.

### Tenue du jour

Dolman ou tunique en drap de l'Ecole Polytechnique, pantalon du même drap, col, képi d'adjudant avec les ornements de tenue du jour, pélerine facultative.

### Tenue de manœuvre

Veste, culotte avec leggins ou jambières ou pantalon d'ordonnance N° 2, ou pantaton de treillis, képi N° 2, cravate.

---

(1) Mis en concordance avec les prescriptions de la décision ministérielle du 24 Juin 1902 (B. O. P. R. 1ᵉ S. p. 1389).

## Tenue de manège

Veste, culotte, brodequins ou jambières, képi N° 2 et cravate.

## Tenue d'intérieur

Veste, pantalon d'ordonnance N° 2 ou de treillis, képi N° 2, cravate.

Le manteau est pris dans toutes les tenues pour le service, quand l'ordre en est donné. Pour les sorties, sauf prescriptions spéciales du Commandant d'armes ou du Commandant de l'Ecole, le port du manteau est facultatif. Quand il est pris par les élèves, il doit être porté les manches chaussées.

Le port de la jugulaire est l'insigne du service.

Tous les effets, sans exception, doivent être conformes aux modèles réglementaires et ne doivent pas être modifiés.

Toute transformation entraînerait le remplacement immédiat de l'effet aux frais de l'élève sans préjudice de la punition disciplinaire dont il serait passible.

Le port de la tenue bourgeoise est interdit, sauf pendant les permissions d'une certaine durée, et à condition que l'autorisation de la porter ait été mentionnée sur le titre d'absence.

# TITRE III

## Régime de l'École

---

### CHAPITRE I.

### Police & Discipline

Sous le rapport de la police et de la discipline, l'Ecole est soumise au même régime que les corps de troupe, sous la réserve des dispositions spéciales édictées par le présent règlement.

Les élèves doivent le salut aux officiers et assimilés de toutes armes et aux adjudants de l'Ecole. Ils y ont droit de la part de tous les sous-officiers (sauf les adjudants), et des brigadiers, caporaux et soldats (art. 7 du décret du 4 novembre 1886).

A l'amphithéâtre, les élèves se lèvent à l'arrivée d'un officier général, d'un officier supérieur ou du professeur et ne se rassoient que sur l'invitation de ces officiers ; à l'étude, ils se lèvent à l'entrée de tout officier.

L'élève le plus ancien dans le grade de sous-officier est chef de groupe.

Il est reconnu en cette qualité, ses devoirs sont analogues à ceux des brigadiers ou caporaux de chambrée, ses camarades lui doivent obéissance et déférence. Il a le droit et le devoir de provoquer des mesures de rigueur, si son autorité morale vient à être méconnue. Il est l'intermédiaire obligé entre les élèves du groupe et le lieutenant de semaine ou le commandant de la brigade.

S'il vient à démériter, ses fonctions lui sont retirées et sont dévolues à l'élève le plus ancien après lui.

Les élèves doivent prendre connaissance de la décision qui est affichée au quartier ; nul d'entre eux n'est excusable, sous prétexte d'ignorance, de la non exécution d'un ordre.

Tout élève rentrant individuellement à l'Ecole est tenu, lorsqu'il en est requis, de signer sur un registre spécial tenu par l'élève de planton à la porte.

Il est défendu de troubler l'ordre au quartier et de fumer pendant les séances qui sont consacrées au travail.

Il est interdit aux élèves de jouer aux cartes avec ou sans enjeu, d'introduire à l'Ecole des journaux ou publications périodiques, de signer aucune adresse et de prendre part à des manifestations, de quelque nature qu'elles soient.

Les élèves d'un groupe sont solidairement responsables des infractions à la police et à la discipline, lorsque les auteurs en restent inconnus.

Il est interdit d'avoir des chambres en ville.

Tout élève qui aura enfreint d'une manière grave les règles de la subordination ou failli aux lois de l'honneur sera traduit devant le conseil de discipline de l'Ecole.

# CHAPITRE II

## Sorties et Permissions

Les élèves sortent deux fois par semaine, le mercredi à 5 heures et demie du soir, le dimanche après le réveil. Ils doivent être rentrés à l'Ecole, le mercredi à 11 heures du soir et le dimanche à minuit.

Le Commandant de l'Ecole peut, pour des motifs graves et dans l'intérêt de la discipline, supprimer une ou plusieurs de ces sorties.

Le Commandant de l'Ecole est autorisé à laisser sortir les élèves de 7 heures à 9 heures du soir les autres jours que le dimanche et le mercredi, lorsqu'il le jugera nécessaire. (Dépêche ministérielle du 28 mai 1893).

Les instructeurs ou les professeurs peuvent, en cas d'urgence, dispenser un élève d'une séance de cours, ou d'un exercice. Ils en rendent compte au Directeur des études.

# CHAPITRE III

## Punitions

Les punitions qui peuvent être ordonnées aux élèves par les officiers et adjudants du cadre de l'Ecole, sont celles attribuées aux officiers des mêmes grades et aux adjudants par le règlement sur le service intérieur des corps de troupe, savoir :

*Par les Adjudants,* 4 jours de consigne au quartier ;

*Par les Lieutenants et par l'Adjudant de semaine,* 8 jours de consigne au quartier ou 4 jours de consigne à la chambre ;

*Par les Capitaines,* 8 jours de consigne au quartier ou à la chambre ;

*Par les Officiers supérieurs de l'Ecole,* (1) 15 jours de consigne au quartier ou à la chambre, ou 8 jours de prison ;

*Par le Commandant de l'Ecole,* 30 jours de consigne au quartier ou à la chambre, ou 15 jours de prison ou la réprimande.

Tout élève puni de prison n'assiste ni aux cours, ni aux exercices.

La consigne à la chambre entraîne la privation de permission pendant la semaine qui suit l'expiration de la peine.

La prison entraîne la privation de permission pendant 15 jours après l'expiration de la peine.

---

(1) Rectification provisoire prescrite par le Colonel commandant l'Ecole.

La réprimande entraîne la privation de sortie pendant 30 jours.

Les élèves privés de sortie vont à l'étude en dehors des heures consacrées au repos.

En dehors de l'Ecole, et lorsqu'ils sont en tenue de sortie, les sous-officiers élèves-officiers ont vis-à-vis des sous-officiers d'un grade inférieur à celui d'adjudant, des brigadiers ou caporaux et soldats, les droits de punir attribués aux adjudants par le règlement sur le service intérieur.

Dans le service, et à l'intérieur de l'Ecole, ils ne sont pas admis à punir le personnel secondaire de l'Ecole. Ils provoquent des punitions à l'égard de ce personnel en s'adressant à leurs supérieurs hiérarchiques. Ils conservent d'ailleurs leur droit de punir à l'égard de ce personnel à l'extérieur de l'Ecole, aux jours et heures de sortie.

# CHAPITRE IV

## Conseil de discipline

Le conseil de discipline est constitué pour se prononcer sur le compte des élèves qui, par des fautes graves ou par leur inconduite habituelle se mettraient dans le cas d'être exclus de l'Ecole.

Le conseil de discipline est composé de cinq membres, savoir :

le commandant de l'Ecole, — Président,

le Commandant en 2<sup>e</sup>
le Capitaine d'Artillerie instructeur
le Capitaine d'Artillerie) professeur — Membres.
le Capitaine du Génie ) le plus ancien

Il est convoqué par le Commandant de l'Ecole, sur la demande du Lieutenant commandant la brigade dont fait partie l'élève à traduire devant le conseil.

Il est donné lecture au conseil du dossier de l'inculpé.

Le conseil s'éclaire auprès du Lieutenant commandant la brigade, sur la conduite, le caractère et les antécédents de l'élève.

Celui-ci est entendu ensuite dans ses moyens de défense.

Le Président recueille les voix en commençant par le plus jeune et transmet au Ministre les propositions du conseil.

Si l'exclusion de l'élève est prononcée, celui-ci est immédiatement dirigé sur un corps de troupe de son arme, où il rentre comme maréchal-des-logis ou sergent.

Pour voies de fait ou outrage envers un officier ou un adjudant du cadre, les élèves sont justiciables des conseils de guerre, conformément aux règlements en vigueur.

# TITRE IV

## Enseignement

---

### CHAPITRE PREMIER

### Enseignement & Programmes

Les sous-officiers élèves-officiers reçoivent à l'Ecole une instruction générale et une instruction militaire.

La première a pour but de développer les connaissances générales qu'ils possèdent déjà, de façon à leur donner la culture intellectuelle indispensable à tout officier.

L'instruction militaire est dirigée de façon à faire acquérir aux élèves l'aptitude nécessaire pour remplir, dès leur arrivée au corps, les fonctions de sous-lieutenant.

Cette instruction est à la fois théorique et pratique.

La partie théorique comprend les cours professionnels.

La partie pratique comprend les manœuvres, l'étude des théories et règlements avec leurs applications, l'escrime et l'équitation.

---

## CHAPITRE II

### Conseil d'instruction

Il est constitué à l'Ecole un conseil d'instruction composé ainsi qu'il suit :

Le Commandant de l'Ecole,     Président,

Le Commandant en 2ᵉ Directeur des études,

Le Chef d'escadron, directeur de l'Instruction militaire (1).

Deux officiers supérieurs pris dans les régiments d'artillerie et du génie, et moins anciens que le commandant de l'Ecole,  Membres.

Le Capitaine d'Artillerie, instructeur,

Un Capitaine d'Artillerie professeur,    tous les ans renouvelés

Un Capitaine du Génie, professeur,

Ce conseil est appelé à émettre son avis sur tout ce qui concerne les méthodes d'instruction et le service intérieur de l'Ecole ; il provoque les améliorations qui lui paraissent utiles et propose les modifications à apporter aux programmes d'admission, d'enseignement et de sortie.

Les élèves qui ont une interruption forcée de travail de plus de 30 jours consécutifs et qui n'ont pas satisfait aux examens de sortie, peuvent, sur la proposition du conseil d'instruction, et d'après l'avis du jury d'examen, être autorisés à faire une seconde année d'études avec la promotion suivante et à concourir avec elle.

Dans aucun cas, un élève ne pourra rester plus de deux années à l'Ecole.

---

(1) Addition résultant du § 2 ter ou chapitre III, du titre 1ᵉʳ.

# CHAPITRE III

## Amphithéâtre, Salles d'études, Salle d'armes.

Il est interdit aux élèves de se livrer, dans les salles ou à l'amphithéâtre, à aucune occupation étrangère aux cours, ni de quitter leur place sans motif.

Les élèves doivent veiller à la conservation du matériel ils sont solidairement responsables des dégradations commises, lorsque les auteurs en restent inconnus.

L'Ecole fait distribuer aux élèves les fournitures de bureau, cours, autographies, règlements, etc., qui sont nécessaires à leur instruction.

La bibliothèque reste ouverte tous les jours pendant les heures d'études libres, ou de repos, pendant les récréations, et les jours de sortie à des heures déterminées.

Le nombre des leçons d'escrime à prendre par semaine est déterminé par le Commandant de l'Ecole.

# CHAPITRE IV

## Classement. (1)

A la fin de leur année d'études, les élèves subissent des examens militaires de sortie, comme il est dit à l'article 9 du *Règlement sur les Interrogations, les Examens de sortie et le Classement des Elèves officiers* du 5 Septembre 1904.

Tous ceux qui ont satisfait à ces examens sont promus sous-lieutenants, dans l'arme à laquelle ils appartiennent.

Leur numéro de classement de sortie détermine leur rang d'ancienneté dans le grade de sous-lieutenant.

Les élèves-officiers qui n'ont pas satisfait aux épreuves de sortie, peuvent être admis à faire une deuxième année. Dans le cas contraire, ils sont renvoyés dans un corps de troupe de leur arme et pourvus du grade qu'ils avaient avant leur entrée à l'Ecole, le temps passé à l'Ecole leur étant acquis pour l'ancienneté dans ce grade. Ils ne peuvent être dans ce cas nommés sous-lieutenants qu'après avoir été réadmis à l'Ecole, à la suite d'un nouveau concours.

---

(1) Mis en concordance avec les prescriptions de la décision ministérielle du 28 Mars 1901 et du 5 Septembre 1904.

# TITRE V

## Dispositions spéciales

---

### CHAPITRE PREMIER

#### Mess

ARTICLE 1. — Les élèves et le personnel du petit Etat-Major vivent au mess.

Le gérant du mess pourvoit à leur nourriture, aux conditions fixées par son cahier des charges.

ARTICLE 2. — La commission du mess dirige et surveille sous l'autorité du Colonel, le service du mess et celui du blanchissage du linge des élèves.

Elle est composée :

du Chef de bataillon, commandant en 2ᵉ, Président.
du Capitaine instructeur,
du Médecin-major,
d'un Lieutenant instructeur désigné } Membres.
    par le Colonel.

La Commission est chargée :

1° D'étudier et de soumettre à l'approbation du Colonel les marchés et conventions relatives au mess, en se conformant aux articles 17 et 18, du règlement du 23 octobre 1887, sur la gestion des ordinaires ;

2° De provoquer, quand il y a lieu, la résiliation du marché en cours et le remplacement du gérant ;

3° De surveiller les détails du service du mess et d'assurer l'exécution loyale des clauses et conditions du cahier des charges du gérant et de celui du blanchisseur en ce qui concerne le linge des élèves.

4° De veiller au paiement régulier des extras.

Le Président convoque la commission quand il y a lieu.

Il répartit le service entre les membres, de façon que tous les détails soient convenablement surveillés ; il a personnellement le devoir de contrôler le paiement régulier du prix de la pension et du blanchissage du linge des élèves, dans les conditions indiquées au chapitre 4.

Un membre de la commission est désigné chaque semaine pour surveiller les parties du service qui exigent une attention particulière, et recevoir les réclamations concernant le blanchissage.

Le Médecin - major est spécialement chargé de veiller à la bonne qualité des viandes, du vin et des denrées, et à tous les détails du service intéressant l'hygiène.

Le membre de semaine de la commission reçoit et examine les réclamations relatives au mess. Il transmet à la commission celles qui donnent lieu à des difficultés d'interprétation du cahier des charges.

ARTICLE 3. — Le prix de la pension, dont le taux est fixé par le cahier des charges, approuvé par le Commandant de l'Ecole et notifié aux intéressés par la voie de l'ordre, est dû pour chaque jour de présence.

Il est décompté, vérifié et payé dans les formes prescrites au chapitre 4 du présent titre.

ARTICLE 4. — Le gérant du mess est autorisé à fournir à ses pensionnaires des plats de supplément et des consommations, aux prix fixés par le tarif annexé au cahier des charges.

ARTICLE 5. — Les sous-officiers, brigadiers et soldats du petit Etat-Major paient comptant leurs extras. Tout crédit leur est interdit.

Les élèves paient leurs extras au moyen de jetons que le gérant leur délivre en échange de bons représentant une somme équivalente à la valeur des jetons. Le jour du prêt le gérant remet ses bons aux chefs de brigade qui en retiennent le montant sur les centimes de poche des intéressés.

Tout autre mode de paiement est formellement interdit. Il est défendu aux élèves d'avoir des comptes avec les garçons, dont le rôle doit se borner à transmettre les bons et les jetons.

La commission du mess veille au remboursement des bons. A cet effet, elle met chaque mois le gérant en demeure de lui déclarer si tous ses extras sont régulièrement payés. Si sa réponse est affirmative, elle en prend acte et le prévient qu'elle n'admettra aucune réclamation ultérieure.

Dans le cas contraire, elle propose au Commandant de l'Ecole les mesures nécessaires.

ARTICLE 6. — Les malades en traitement à l'infirmerie reçoivent leur nourriture du mess ; dans le cas où un malade a besoin d'un régime spécial, le Médecin-major fixe la composition de ses repas.

# CHAPITRE II

## Blanchissage

ARTICLE 7. — Un marché est passé, par les soins du conseil d'administration, pour le blanchissage et la réparation du linge des élèves, de celui de l'infirmerie, des effets de travail du petit Etat-Major et du linge du service général.

ARTICLE 8. — Le linge est remis au blanchisseur et rendu par lui aux jours et à l'heure fixés par le Commandant de l'Ecole. L'adjudant chargé du casernement surveille l'opération.

Il reçoit les réclamations en cas de mauvaise exécution du blanchissage, de perte et détérioration d'effets et y fait droit.

Si l'entrepreneur conteste le bien fondé de sa décision, la difficulté est soumise au membre de service à la commission du mess, et, s'il y a lieu, à la commission qui prononce sans appel.

Le blanchisseur ou son délégué, est tenu de rester au quartier, jusqu'à l'heure fixée par le Commandant de l'Ecole. Toutes les réclamations doivent être présentées avant son départ et examinées en sa présence par l'Adjudant du casernement.

ARTICLE 9. — Chaque chef de dortoir tient un cahier du modèle nº 1, ci-annexé, où il inscrit chaque semaine le détail des effets remis au blanchisseur par chacun des élèves de son dortoir, et la somme dùe par lui au blanchisseur.

Il y mentionne aussi les effets refusés qui doivent être blanchis à nouveau, et les effets perdus ou détériorés.

Le Médecin-Major et le Comptable du matériel font tenir des cahiers semblables, pour le blanchissage du linge de leurs services respectifs.

Les sommes dûes à l'entrepreneur sont décomptées et payées dans les formes prescrites au chapitre IV.

## CHAPITRE III

## Retenues faites aux élèves pour dépenses spéciales

ARTICLE 10. — Des retenues, dont le taux est fixé par le Commandant de l'Ecole, d'après les besoins constatés ou prévus, sont faites, sur les centimes de poche des élèves, pour couvrir certaines dépenses spéciales, savoir :

Indemnité mensuelle à l'armurier et au tailleur, pour le nettoyage des armes et les petites réparations, que les hommes font eux-mêmes dans les corps de troupe et que les élèves ne font pas.

Gratification aux ordonnances des élèves.

Achat de cirage, ingrédients, etc...

ARTICLE 11. — Le Commandant de l'Ecole est également autorisé à prescrire des retenues pour centraliser le paiement de certaines dépenses que les élèves s'imposent librement, telles que : achat de lorgnettes de campagne, leçons de danse, etc.

Les retenues donnent lieu à une comptabilité intérieure qui sera établie dans les formes prescrites au chapitre IV.

# CHAPITRE IV

## Règles relatives au paiement des centimes de poche, de la pension, du blanchissage et à la comptabilité des retenues faites sur la solde.

ARTICLE 12. — Le jour du prêt, les centimes de poche sont payés par les soins du trésorier :

1º Pour les élèves, au Capitaine Instructeur (1),

2º Pour le petit Etat-Major au lieutenant adjoint à la Direction des études, qui paie directement les sous-officiers et fait payer les brigadiers et soldats par le brigadier désigné pour ce service.

ARTICLE 13. — La pension est payée au gérant le jour du prêt par les sous-officiers comptables des deux unités.

Le blanchissage du linge des élèves est payé au blanchisseur le jour du prêt qui suit la remise du linge blanchi.

Le blanchissage du linge de l'infirmerie, et celui du linge du service général, sont payés séparément, dans les formes indiquées plus bas.

Le Commandant du détachement de remonte fait payer directement au gérant la pension de ceux de ses hommes qui servent à l'Ecole comme ordonnances d'élèves et de ceux qui sont en traitement à l'infirmerie. La solde des cavaliers de remonte étant inférieure au prix de la pension du mess, l'Ecole alloue à ces hommes, par prélè-

---

(1) Résultat de l'application du Réglement Ministériel du 3 janvier 1903 sur l'administration des écoles.

vement sur le budget de l'Ecole, l'indemnité de cherté
des vivres allouée aux hommes du petit Etat-Major.

Article 14. — Le détail de la liquidation du prêt et
des retenues opérées est consigné sur un registre analogue
au cahier ordinaire des unités administratives des corps
de troupe, dont le modèle est ci-joint (N° 2) et qui est
dénommé « Registre des prêts et des retenues ». Il est
soumis aux fonctionnaires de l'intendance et du contrôle
à toutes leurs vérifications de caisse.

Article 15. — Le paiement des centimes de poche est
justifié par l'émargement des chefs de brigade du maréchal-des-logis chef, et du maréchal-des-logis comptable
du petit Etat-Major sur le registre des prêts et des retenues.

Article 16. — Le paiement de la pension et du blanchissage est justifié par l'émargement du gérant et du
blanchisseur sur le registre des prêts et des retenues.

Les Commandants d'unités administratives (1) font
établir d'après les situations journalières le décompte de
la pension des élèves et du petit Etat-Major. L'adjudant
de casernement lui remet un relevé par brigade des sommes dûes au blanchisseur, établi au moyen des cahiers
des chefs de dortoirs. (Modèle N° 3).

Article 17. — Le blanchissage du linge de l'infirmerie
est payé à l'entrepreneur sur facture, par trimestre, et
remboursé à l'Ecole par le budget des hôpitaux.

Les factures sont établies par les soins du comptable
du matériel; le remboursement en est opéré à la diligence
du trésorier, par le budget des hôpitaux.

Le blanchissage du linge du service général est également payé par trimestre et sur facture à la diligence du
comptable du matériel.

_______________

(1) Résultat de l'application du règlement ministériel du 3 janvier 1903 sur l'administration des Ecoles.

ARTICLE 18. — Les dépenses prévues à l'article 17 donnent seules lieu à l'établissement de pièces de dépenses prenant rang dans la série annuelle des recettes et dé penses.

ARTICLE 19. — Le registre des prêts et des retenues sont tenus par les Commandants d'unités administratives qui conservent dans leur caisse l'excédent des recettes et font des versements dans la caisse du trésorier.

Le Commandant en second, président de la commission du mess, vise ces registres le lendemain de chaque prêt, en ce qui regarde la pension et le blanchissage (1).

Paris, le 28 Mars 1896.

APPROUVÉ :

*Le Ministre de la Guerre,*

SIGNÉ : CAVAIGNAC.

---

(1) Voir *Note* page précédente.

# École Militaire de

## PRÊT DU ......................................................

<table>
<tr><td colspan="11" align="center">RECETTES</td></tr>
<tr><td rowspan="3">NATURE<br>des<br>RECETTES</td><td colspan="9" align="center">DISTINCTION DES RECETTES PAR ARTICLE</td><td rowspan="3">TOTAUX</td></tr>
<tr><td>Masse d'entretien de menues fournitures. Retenue prescrite par décision du colonel</td><td>Pension</td><td>Blanchissage</td><td>Danse<br>Décision du</td><td>Lorgnettes<br>Décision du</td><td></td><td></td><td>Centimes de poche</td></tr>
<tr></tr>
<tr><td>Prêt ...............</td><td></td><td></td><td></td><td></td><td></td><td></td><td></td><td></td><td></td></tr>
<tr><td>Indemnité de cherté de vivres ............</td><td></td><td></td><td></td><td></td><td></td><td></td><td></td><td></td><td></td></tr>
<tr><td>Totaux .........</td><td></td><td></td><td></td><td></td><td></td><td></td><td></td><td></td><td></td></tr>
<tr><td>Retenue du prêt précédent ...............</td><td></td><td></td><td></td><td></td><td></td><td></td><td></td><td></td><td></td></tr>
<tr><td>Totaux .........</td><td></td><td></td><td></td><td></td><td></td><td></td><td></td><td></td><td></td></tr>
<tr><td>Dépenses portées ci-contre ............</td><td></td><td></td><td></td><td></td><td></td><td></td><td></td><td></td><td></td></tr>
<tr><td>Reste en caisse au</td><td></td><td></td><td></td><td></td><td></td><td></td><td></td><td></td><td></td></tr>
</table>

*Certifié par le*     *le présent arrêté, duquel il résulte qu'il doit y avoir aujourd'hui en caisse une somme de* ..................................

*Versailles, le* ........................................ *190*

Vu : le

Le Commandant en second,

# l'Artillerie et du Génie



Au ................................................. 190

## DÉPENSES

| Noms et Professions des fournisseurs ou ayant-droit | Nature de la dépense | Solde | Cherté de vivres | Total | Distinction des retenues et dépenses | | | | | | | Centimes de poche | Emargement |
|---|---|---|---|---|---|---|---|---|---|---|---|---|---|
| | | | | | Masse d'entretien | Pension | Blanchissage | Danse | Lorgnettes | | | | |
| | centim. de poch. | | | | | | | | | | | | |
| 1re brigade............. | | | | | | | | | | | | | |
| 2e — ............. | | | | | | | | | | | | | |
| 3e — ............. | | | | | | | | | | | | | |
| 4e — ............. | | | | | | | | | | | | | |
| 5e — ............. | | | | | | | | | | | | | |
| 6e — ............. | | | | | | | | | | | | | |
| Sous-officiers......... | | | | | | | | | | | | | |
| Brigadiers et canonniers............. | | | | | | | | | | | | | |
| Totaux.......... | | | | | | | | | | | | | |
| M. Gérant du mess. | Pension des élèves des adjudants des sous-officiers du P. E. M. | | | | | | | | | | | | |
| | Total ... | | | | | | | | | | | | |
| Ajouter ou déduire | | | | | | | | | | | | | |
| Reste net à payer........ | | | | | | | | | | | | | |
| M. | | | | | | | | | | | | | |
| M. | | | | | | | | | | | | | |
| M. | | | | | | | | | | | | | |
| M. | | | | | | | | | | | | | |
| M. | | | | | | | | | | | | | |
| | Totaux généraux. | | | | | | | | | | | | |

# ECOLE MILITAIRE DE L'ARTILLERIE ET DU GÉNIE

MODÈLE N° 1

## CAHIER de BLANCHISSAGE, tenu par le Chef de dortoir

| NOMS | Bonnets de coton | Caleçons de toile | Caleçons de tricot | Ceintures de flanelle | Chemises empesées | Chemises non empesées | Paires de chaussettes | Cols | Gilets ou Chemises de flanelle | Paires de manchettes | Mouchoirs | Pantalons de treillis | Serviettes | Tricots de laine ou de coton | Cravates | Pantalons en molleton | | | | | | | | MONTANT |
|---|---|---|---|---|---|---|---|---|---|---|---|---|---|---|---|---|---|---|---|---|---|---|---|---|
| | 0.025 | 0.10 | 0.15 | 0.05 | 0.20 | 0.10 | 0.020 | 0.025 | 0.15 | 0.075 | 0.025 | 0.15 | 0.025 | 0.15 | 0.025 | 0.20 | | | | | | | | |

GOUVERNEMENT
militaire
de **PARIS**

Place de
**VERSAILLES**

## ÉCOLE MILITAIRE
## De l'Artillerie et du Génie

**ÉTAT** des sommes dues au sieur ...............................
pour blanchissage du linge des Élèves, pendant la semaine du ............... au ............... 190

| Nº DES BRIGADES | SOMMES à payer | Effets perdus dont la valeur est à rembourser | | | |
|---|---|---|---|---|---|
| | | NUMÉROS des BRIGADES | NOMS des ÉLÈVES | DÉSIGNATION des EFFETS | VALEUR |
| 1re brigade ............. | | | | | |
| 2e — ............. | | | | | |
| 3e — ............. | | | | | |
| 4a — ............. | | | | | |
| 5e — ............. | | | | | |
| 6e — ............. | | | | | |
| Total ....... | | | | | |
| MM. e brigade. | | | | | |
| A déduire pour effets perdus | | | | | |
| Reste à payer ........ | | | | Total ... | |

Versailles, le ............... 190

L'Adjudant de Casernement

# TABLE DES MATIÈRES

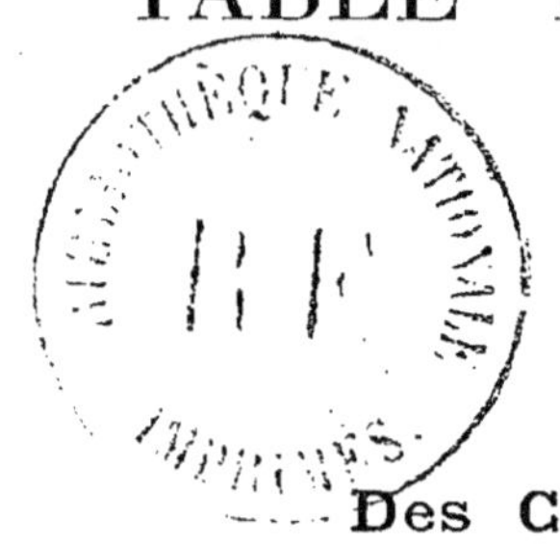

## TITRE I.
### Des Cadres de l'Ecole

# TITRE II

## Des Elèves



# TITRE III

## Régime de l'Ecole



# TITRE IV

## Enseignement



# TITRE V

## Dispositions spéciales



## Modèles

Imprimerie ALBERT MARÉCHAUX

*Meulan-Hardricourt (S.-&-O.)*